KATIA MACIEL

DO QUASI CINEMA AOS TRANS CINEMAS

CADERNOS ULTRAMARES

ORGANIZAÇÃO E PROJETO GRÁFICO

Marcos Lacerda, Ana Paula Simonaci e Sergio Cohn

CONSELHO EDITORIAL

André Botelho

Bernardo Esteves

Boaventura de Souza Santos

Evelyn Goyannes Dill Orrico

Fréderic Vanderberghe

José Luis Garcia

Maria João Cantinho

Renato Rezende

Teresa Arijón

Vagner Amaro

ISBN 9786586962819

azougue press |
coordenação geral Sergio Cohn
coordenação editorial
Sergio Cohn — Darien Lamen — Cristián Jiménez Plaza
Brasil | CNPJ 12.272.339/0001-26
Portugal | Oca Editorial NF 515805394
USA | E. Id. 803650511
Chile | Tucán Ediciones RUT 77.369.106-1

A proposta dos Cadernos Ultramares é transpor fronteiras. Não apenas geográficas, com a edição de um amplo panorama do pensamento brasileiro para o público português, mas também entre as áreas do saber, criando uma coleção transdisciplinar, acessível não apenas para leitores especializado, pesquisadores e acadêmicos, como para interessados em geral.

Para isto, os Cadernos Ultramares privilegiam a leveza do ensaio, a "brigada ligeira", utilizando-se de um gênero marcado pela abertura e experimentação, uma forma privilegiada para a proposição e a apresentação de interpretações da cultura e da sociedade. Nos últimos anos, o gênero ensaio tem sido revalorizado como um importante meio de diálogo entre a pesquisa acadêmica e a sociedade.

O Brasil possui uma produção riquíssima de pensamento em diversas áreas, que vão da física à antropologia, da matemática às artes. Os Cadernos Ultramares, ao trazerem importantes textos de alguns dos nossos mais renomados pensadores, sejam clássicos ou contemporâneos, busca possibilitar ao leitor um olhar amplo e qualificado sobre essa produção.

Interessa-nos a constituição de um diálogo entre áreas, de uma conversa aberta que escape das armadilhas do pensamento especializado e do produtivismo acadêmico. Interessa, antes de tudo, a valorização do encontro do leitor com o sabor do texto, do prazer da leitura e da troca livre de pensamento.

apresentação
POR ana paula simonaci

Em Katia Maciel, há a permanente relação entre a reflexão crítica e o fazer artístico. Não apenas no diálogo entre seu trabalho ensaístico e suas obras, mas também internamente a esses dois campos, com um potente atravessamento de procedimentos e linguagens. É o que podemos acompanhar no belo ensaio aqui reproduzido: a união entre uma extensa e consistente pesquisa, o pensamento crítico e o tom propositivo.

Ao mergulhar no corpo do *quasi cinema* de Hélio Oiticica e Neville de Almeida e discutir sua relação com os *transcinemas* atuais, Katia Maciel cria blocos de textos que se sobrepõem, ora apresentando um mapeamento histórico, ora uma entrevista, ora uma análise crítica, criando uma montagem que não apenas apresenta e reflete sobre os temas tratados, como cria uma potente proposição artística.

Não é à-toa que o ensaio se encerra citando duas obras da própria autora: como no oroboro, o fim do ensaísta é o mesmo da artista, a instauração de um campo ampliado de expressão, o esboroamento das fronteiras das linguagens em nome de novas possibilidades sensíveis.

E é neste sentido que o ato inaugural de Hélio e Neville impressiona. Ao pensar, desmontar e reinventar, de forma metódica, quase obsessiva, cada elemento do cinema, desde o espaço arquitetônico até a imagem em movimento, instauram a possibilidade de novas experiências de liberdade.

Ao retomar a trajetória de composição das propostas de Hélio em torno do cinema, não apenas as *Cosmococas*, criadas em parceria com Neville, mas também do *Nitrobenzol & black linoleum*, Katia Maciel realiza uma importante contribuição para o debate em torno das possibilidades da linguagem cinematográfica hoje e as experimentações formais ocorridas nas últimas décadas.

Além de artista visual e poeta, Katia Maciel é pesquisadora e professora titular da Escola de Comunicação da Universidade Federal do Rio de Janeiro. Os seus trabalhos em torno do pensamento de cinema no Brasil e cinema em campo expandido, da videoarte e do neoconcretismo já se tornaram referencias fundamentais para os pesquisadores na área.

DO QUASI CINEMA AOS TRANSCINEMAS

"I remember Jack Smith told me about one dream in which he wanted to go somewhere in North Africa and build a huge dome. And he wanted whoever came into that dome to tell him their dreams or desires, and he would instantaneously make a film of these dreams or desires, and films would show twenty-four hours a day." KATHY ACKER[1]

Uma luminária circular. Dentro uma imagem. Um trem em tons alaranjados. *Bólide-luz* (1966). Hélio Oiticica revelava um fio da sua obra. O cinema não caberia ali. Era apenas um trailer da ida do cinema para o espaço do corpo.

O jogo de imagens sempre foi um dos lances de dados de Hélio Oiticica. Se, no princípio foi a geometria da forma concreta reinventada pelas pinturas espa-

---

1 SAN FRANCISCO — june 8, 1991; No livro *Art, Performance, media 31 interviews*. Nicholas Zurbrugg, editor — University of Minnesota Press — Mineápolis-London

ciais, Hélio, desde a sua obra *Tropicália* (1967) com seu jogo entre palavras e imagens televisivas no final do labirinto, enfrentou o cinematismo das coisas. Na obra *Mergulho do corpo*, o escrito no fundo da caixa d'água é instável, as palavras flutuam nosso olhar. As pedras no piso balançam o corpo e a passagem por fiapos coloridos em corredores de frágil arquitetura aguçam os sentidos, embaralhando a visão. Tudo é olho, mas de óculos escuros. O que se busca é o sensorial das imagens sobrepostas.

Hélio Oiticica pensou e praticou o filme como experimento e o cinema como instrumento. O cinema para ele não se resume à projeção de um filme. Trata-se de uma construção a partir da combinação dos elementos que constituem uma experiência perceptiva, sensível e estética.

Hélio pensou e incorporou desde muito cedo a imagem aos seus trabalhos — *Penetráveis*, *Bólides*, *Parangolés*, *Tropicália*, *Cosmococas* são algumas das obras que apontam para formatos e usos diferenciados da imagem no seu desenvolvimento.

Do *Bólide Homenagem à Cara de Cavalo* (1966), em que Hélio usa pela primeira vez uma imagem, como forma de manifesto contra o assassinato de Cara de Cavalo pelos policiais, até a *Tropicália*, em sua perspectiva antropofágica radical, Hélio Oiticica problematizou o uso das imagens na arte, não no sentido Pop ou Op, que o artista classifica como puramente sensório-motora, mas como forma de confronto político e perceptivo.

Do conceito de *arte ambiental* ao *Suprasensorial*, Hélio desdobra sua obra em uma série de experiências inaugurais que trabalham com a inclusão do espectador em um cosmos de imagens. Para Hélio, o cinema existe na fricção com o corpo sensível. O cinema transforma e é transformado por esse corpo. A premissa é programática e não maquínica. Na sua incorporação do cinema, Hélio estende o que já havia experimentado na organicidade das obras neoconcretas. A obra é orgânica, partícipe da interlocução construtiva. Nas suas proposições de montagens de arquiteturas de imagens, Hélio convida o corpo, e para isto basta o *low-tech* dos *slides*, o som dos tapes e o balanço das redes ou os tapetes de palha estendidos às suas instruções.

As duas principais experiências em torno do cinema propostas por Hélio Oiticica, *Nitrobenzol & black linoleum*, 1969, e *Cosmococas*, 1973, esta em parceria com o cineasta Neville de Almeida, são explosivas. Não apenas pela alusão às drogas como substância ativa dos encontros, mas pelos programas desencadeadores de ações dos participantes. O motor da arte contemporânea, que vigora desde os anos 1960, da arte como vida, é incorporado pelo cinema. Cinema é vida a ser vivida no campo proposto. Dos *happenings* com beijos em telas vazias ao aceno de bolas em pisos plásticos. O cinema é ambiente, cosmos, corpo.

Hélio Oiticica chega a Nova York nos anos 1970. Depois de integrar a pulsante cultura brasileira como artista experimental desde o Grupo Frente ao Movimento Neoconcreto, passando pela cena musical e cinematográfica, conhece o cinematismo novaiorquino em ebulição. O artista do supernovo atinge a febre, os ritmos, o fôlego de toda uma geração que urgia por novas sensações na arte.

Entre os artistas, conheceu Jack Smith, que o impressionou mais do que Andy Warhol, como escreve na carta ao amigo Jards Macalé em 8 de janeiro de 1971. Jack era uma máquina cinema que projetava seus filmes *underground* ao mesmo tempo em que cobrava cents e soprava bolhas de sabão. Um performer do cinema que instiga o repertório de Oiticica.

A mistura de vocabulário poético na reinvenção de uma experiência, cuja origem é um cinema livre da máquina e da indústria, com os seus pés em dois continentes, levam Hélio Oiticica a uma posição única entre o cinema e a arte nos anos 1970.

NITROBENZOL & BLACK LINOLEUM, 1969

> "Make a film that is longer than the time you
> have left to live."
> Morgan Fisher, 2007
> From *No.w.here Instructions for Films Series*

Em 2007, Karen Mirza e Brad Butler realizam *Instruções para filmes*. Mais de 40 artistas que utilizam a imagem em movimento em seus trabalhos receberam um cartão em branco de 15 por 20 cm com o seguinte convite: *"On the card enclosed propose instructions for a film. You may render the instructions by any means and appendages."* — uma ideia, um filme. Os cartões retornaram e foram colocados em uma caixa intitulada *Films series*. Nessa caixa, os filmes existem como texto ou desenho.

"Make a film that is longer than the time you have left to live" é uma das instruções para filmes de Morgan Fisher contida dentro da caixa. São muitos os filmes como poemas, desenhos e instruções. A ideia de Fisher parece insistir sobre todas as outras, como se afinal uma instrução pudesse durar além do filme, como origem e devir.

A maioria dos filmes de Hélio Oiticica se encontra no formato texto ou projeto ou instruções — uma lista de ações que misturam arte e vida. Ainda que seus projetos tenham sido escritos como parte de um processo, prevendo sua realização, o artista não teve o tempo para realizá-los. O modo intenso e detalhado da sua escrita, no entanto, faz com que os filmes *performances* existam como texto.

> (...) para mim, toda arte chega a isto: a necessidade de um significado 'suprasensorial' da vida, em transformar os processos de arte em sensações de vida[2]

Ao afirmar que a arte transforma as sensações de vida, Hélio se refere à sensação na relação entre o participador e a obra como construtora da forma, e essa forma é a própria vida. Ferreira Gullar, na sua crítica à arte contemporânea, defende que a arte se define por uma operação poética que parte do real para transformá-lo. Por exemplo, o cheiro do café não é arte, mas sim o poema que se escreve a partir dele[3]. Para Oiticica, a arte é o cheiro do café, a arte é vida.

Hélio chegava a um ponto sem volta de ruptura com o projeto moderno. A arte moderna mantém a

2 OITICICA, Helio. *Catálogo*. Editions du Jeu de Paume, 1992, p. 12.
3 *Os neoconcretos*. Documentário de Katia Maciel, 2001.

relação, ainda que por oposição, com a ideia de representação. Embora em crise desde o século XIX, a ideia de que a arte reapresenta a vida permanece como uma penumbra na modernidade que a contesta. O diálogo permanece entre o real e a sua representação, ainda que distorcida ou multiplicada, como no cubismo. Ainda que desmaterializada pelo conceito "duchampiano", a aura da representação, em sua ausência, insiste. E a arte passa a se definir pelo que não é arte. O *ready-made*, por exemplo, termina com a ideia de arte como artefato da matéria. Toda a arte moderna é, de certa maneira, a história de uma crise imposta pelo novo modelo industrial e suas determinações éticas, simbólicas e estéticas.

O conceito *suprasensorial* é avesso a toda ideia de representação onde a vida antecede a arte, uma vez que é através da arte que atingimos verdadeiramente a vida. Nos filmes-experimentos de Hélio, as narrativas são dadas pela própria vida. Os gestos que fazemos todos os dias são incorporados ao roteiro previsto pelo artista — ouvir um disco, deitar em colchões, conversar, comer, fazem parte da partitura do artista.

O cinema para Hélio Oiticica é vivo. Nós, no meio de seu filme, lixamos as unhas, balançamos em redes, mergulhamos na piscina, bebemos Coca-Cola — gestos da vida cotidiana. Nas suas instruções-filmes, as ações a serem desenvolvidas pelo participador são simples e o incluem na atmosfera cinema gerada sempre a partir de um programa que combina imagens fixas e sons.

No ônibus, na rua, em casa, Hélio registra notas e desenhos dos seus projetos. As instruções, texto e desenhos foram pensadas para obras diferentes — *parangolés*, *penetráveis*, *bólides*, *Éden*, dentre outros — como modo de tornar possível a reprodução e também o funcionamento dos trabalhos como proposições. O que se propõe é a criação dentro de uma instrução. Instruir no sentido de esclarecer, informar e documentar, ao mesmo tempo.

Hélio Oiticica viveu o cinema de muitas maneiras. Escreveu sobre *Mangue Bangue*, de Neville de Almeida e *Nosferato do Brasil*, de Ivan Cardoso; realizou entrevistas com Júlio Bressane e Rogério Sganzerla.

> relação entre NOSFERATO e meu PARANGOLÉ:
> os personagens não são personagens
> à procura de um ator como as capas não são
> objetos d'arte : são simultaneidades-protótipos
> q anulam o conceito de estilo[4]

---

4 Escritos do artista, no arquivo do Projeto Hélio Oiticica. New York, 3 de maio / 17 de junho, 1972.

Pensou o cinema experimental nos filmes de Andy Warhol e nos de Jack Smith. Produziu textos conceituais, que deslocam a ideia de cinema[5].

> Fragmento de NTBK 2/73
>
> 2 de junho de 1973
>
> "quando digo q cinema-linguagem pode vir a ser cinema-instrumento quero dizer q as características do cinema como algo como forma e em palpabilidade: filme, imagens em movimento, etc: possa vir a ser instrumento de algo que mudo o incorpora: TV p. ex: e q anula sua autonomia como linguagem-cinema e q o consubstancia com o q é exigido como consequência maior dessa linguagem q não se estanque num nível critico acadêmico: levantar cinema-linguagem a um criticismo in progress significa não só prever o seu fim como arte performed mas prever também o uso maior dele cinema como <u>instrumento-linguagem</u> não 'aplicada' ou 'aproveitada' para fins outros mas <u>incorporada depois de fragmentada a um novo tipo de linguagem q se forma e q permanece processo</u>"

5 Escritos do artista, no arquivo do Projeto Hélio Oiticica.

Neste fragmento da carta do Hélio escrita para Lygia Clark de Nova York em carta 14 maio 1971 vemos o artista concluindo um curso de cinema na New York University, investindo em equipamento, em pesquisa de locação e objetos cenográficos, vemos um cineasta da mão-visão:

> estou terminando um curso de cinema na new york university, que me dará direito a fazer outros em que posso usar equipamento, etc.; por enquanto só tenho usado super 8, que comprei; tenho também uma montadeira e quero que essa primeira experiência (um filme: <u>brasil jorge</u>) seja já algo palpável; vou ampliar, depois de montada, para 16 mm, o que possibilitará a exibição em outros lugares, etc.; é trabalhosíssimo, principalmente quando se tem outras ocupações, etc., mas dá bastante prazer, no final; hoje, p. ex., perdi tempo procurando um parque com aves em gaiola, para uma cena de 20 segundos, veja você; com isso andei a cidade feito barata tonta e fui parar perto do aeroporto, para nada, pois o que quero está em outro lugar que só descobri depois; tudo isso, por 20 segundos de filme; veja que loucura; os primeiros rolos ficaram lindíssimos: super 8 é bacana

pois pega coisas em detalhe, ao alcance da mão
- visão; mas falta tanto pra terminar que dá de-
sespero de pensar.

Como ator, Hélio participou do filme *Câncer*, de
Glauber Rocha, em 1968 (RJ); *Lágrima Pantera*, de
Julio Bressane, em 1974 (NY), *One night on gay street*
(1975) (NY), de Andreas Valentin, *Dr. Dyonélio* (1978)
(RJ), curta-metragem de Ivan Cardoso, *O segredo da
múmia*, de Ivan Cardoso, em 1979 (RJ), *Uma vez Fla-
mengo*, de Ricardo Solberg, em 1979 (RJ), *Bonitinha,
mas ordinária* (1963), de J.P.Carvalho.

Como cenógrafo, constrói a Tenda-Luz para o filme *Gigante da América* (1978), de Julio Bressane, e
realizou todo o cenário para *A cangaceira eletrônica*
(1970), de Antônio Carlos Fontoura, filme que acabou não sendo finalizado.

Como realizador, dirige o Super-8 *Agripina Roma
Manhattan* (inacabado), em 1972, e concebe os projetos *Inferno de Wall Street*, de Joaquim de Sousândra-
de: *Três capítulos, O oráculo, Tombulos*.

Hélio Oiticica chega a intervir diretamente sobre
a película, como no cinema experimental de Norman
Mclaren.

Com Neville de Almeida, escreve o projeto *Cosmococas*, a experiência "quasi-cinema".

Boys and Men e *Nitrobenzol & Black Linoleum* são dois experimentos de cinema, como Hélio os define.

Boys and Men enumera 8 takes em um filme de 40 minutos. No primeiro adolescentes narcísicos perambulam. No seguinte vemos pernas de homens jovens enquanto ouvimos a leitura de um texto de James Joyce. No terceiro os amigos Wally e Geraldo leem debaixo das cobertas. Fred e Geraldo ocupam o take 4 na estrada silvestre. Nando e Sidiny em colchões com objetos sensoriais no take 5. A leitura de mão de Sidiny por Mme Duarte diz – a linha de sua vida é tão longa – não consigo ver o fim – ela le a caminhos impossíveis" no take 6. Sidiny em vários ângulos no take 7. No último Geraldo e Nando tomam um banho de sol.

São flashes compostos por Hélio na combinação de amigos, leituras e cenários na toante de uma poética homoerótica presente nesta forma de ensaio visual como na série audiovisual *Neyrótica*.

Nitrobenzol & Black Linoleum se apresenta como um roteiro, um desenho, na descrição de dez *takes* e um guia de audiência. São roteiros de ações para performances coletivas, com um guia de audiência, para o público, que passa a integrar a obra. Número de *takes* ou *no-takes*, ângulos, personagens, cenários, luz, projeções e até o beijo do cinema. Uma experiência entre cinema e performance.

Nitrobenzol & Black Linoleum se divide em sessões com tempos previstos nas instruções. Detalha a estrutura cênica visual e participativa: "um ponto de vista, sem *travellings*, sem cortes e sem fim". Descreve as imagens e os sons, seu modo construção e de exibição. A radicalidade do processo aparece em *No Take 4. No take.* Não há filmagem. O filme é o que se passa ali. A ideia de reproduzir uma imagem é desinstalada do cinema como dispositivo. A imagem é vivida entre todos os presentes, mas não se confunde com o teatro. Não apenas pela inclusão do público, especificada pelo guia de audiência, mas pelas telas que imprimem, ao vivo, a sombra de um longo beijo, como tantos que vimos no cinema. A proposta do artista torna presente a nossa memória cinematográfica. Hélio escolhe o clichê do beijo nas telas para nos conduzir ao cinema.

Um cinema processo, pensamento, e não apenas projeção, não se limita ao suporte. O cinema, para Oiticica, é o movimento propositivo e vivo, por incorporar a presença do *participador*[6] à fabulação das imagens.

6 Conceito criado por Hélio Oiticica para caracterizar o espectador como parte da obra. Sem a participação do espectador, a obra não existe. Sem que vista o *Parangolé*, por exemplo, este é apenas uma capa pendurada em um cabide.

espectador é participador : não mais o modelo
romano não-comprometido com a natureza do
espetáculo: participador-cinema é teveizado:
não vê filmeespetáculo como algo estranho

No take. É um modo muito particular de roteiro
cinematográfico. Define-se a ação, o cenário, as luzes, mas não se filma. O imprevisto é previsto. A cena
principal é pensada para ser vivida por participadores. A situação proposta é o filme e é avesso a qualquer determinação narrativa. Ao mesmo tempo, o filme pode ser vivido muitas vezes, basta seguirmos as
instruções do artista.

Todo o universo Oiticica se manifesta na sua escrita. O texto em inglês será uma variação a partir da sua
estadia londrina (1969) e posteriormente novaiorquina (1971/77). A presença dos amigos Guy Brett e Lygia
Pape, as luzes de Londres, o morro da Mangueira, os
jardins, o sorvete, a Coca-Cola e o nitrobenzol, o tor-
por da substância no lenço estendido à audiência. Um
happening, um evento, uma sessão de cinema com a
roda dos prazeres (obra de Lygia Pape) montada no
chão. Colchonetes e telas. Uma epifania de sentidos
prevista em uma partitura que mistura a construção
cênica, performática e cinematográfica aos sons da
vida e da música brasileira.

"ODOR DE JASMIM NOS INTERVALOS"

Hélio Oiticica é um artista fundamental para a sensorialidade na história da arte. A *Tropicália* (1967) e o *Éden* (1969) são dois campos experimentais para a expansão do corpo na arte, seu *parangolé*, uma epifania ao movimento. Ao se apropriar do cinema como instrumento, o artista implica o corpo do espectador em mais um campo sensorial e participativo. Hélio afinal conhecia profundamente a experiência do cinema, era amigo e parceiro de cineastas experimentais como Neville de Almeida, Julio Bressane e Ivan Cardoso. O que *Nitrobenzol Black Linoleum* prevê um cinema sensorial. Hélio define a duração dos takes, entende o cinema como a arte da duração e, a partir daí, liberta o restante. Ao império da visão, acrescenta o tato, o paladar (roda dos prazeres de Lygia Pape), o olfato (o jasmim) e, ainda, o lenço com o nitrobenzol, para acomodar os corpos às esteiras espalhadas pelo chão. Hélio "multivisiona" os sentidos e inventa um outro cinema.

NITROBENZENO & LINÓLEO NEGRO

Hélio Oiticica

9 de Setembro, 1969 — começo para planos gerais — cena LONDRES

TODAS AS TOMADAS FEITAS DE UM PONTO —

NENHUM TRAVELLING

A MENOS QUE PARTA DO LUGAR UM –
Experimento cinematográfico 1 — NENHUM COR-
TE NO RESULTADO FINAL — INSTRUÇÕES PARA

PLATEIA DEVEM SER

INEVITAVELMENTE SEGUIDAS

IDEIA 1 —

pequenos frascos de penicilina contendo nitrobenzeno e lenços fornecidos à plateia, de modo que
possam umedecê-los com o composto e cheirá-los
durante a primeira parte:

PRIMEIRA TOMADA (plateia cheirando nitrobenzeno)

-> VISUAL

— pessoas comem normalmente à volta de uma
mesa — uma família

— o cão passeia por aí

SEGUNDA TOMADA

  -> (plateia ainda com nitrobenzeno)

— um dos personagens abandona a mesa e se encaminha ao jardim, ou qualquer gênero de ambiente externo — há um lugar com folhas sobre o solo,
como um ninho de folhas — o personagem é GUY
BRETT — ele se deita sobre as folhas e lá colapsa, feliz, e assume posição de adormecimento — se estiver
usando óculos, ele os remove — TEMPO IMPROVI-

SADO, SEM LIMITES

PREVISÃO: PELO MENOS, INCLUINDO 2 tomadas, cerca de 50mns.

TOMADA 1 -> TRILHA SONORA

— sons, enquanto as pessoas comem, de garfos, facas & pratos, mas sem falas — apenas as respirações de cada um em conjunto, no primeiro plano sonoro, como se as pessoas tivessem microfones pendurados ao pescoço — respiram normalmente e comem

TOMADA 2 -> GUY BRETT — enquanto se encaminha para fora e deita sobre as folhas, respira normalmente, incluindo pausas de repouso; enquanto os óculos são removidos — etc.

OBSERVAÇÕES — esta cena deve ser longa — a parte da mesa deve durar o quanto for possível, e depois, após a rápida retirada, a cena das folhas deve durar muito tempo, pelo menos cerca de meia hora, de modo que um pouco mais do que isso deve ser filmado — não há cortes no final

NITROBENZENO & LINÓLEO NEGRO 2

[IDEIA 2

PLATEIA — bebe COCA-COLA

TOMADA 1 -> (COCA deve ser fornecida continuamente)

   20 mins. — VISUAL

— EDWARD POPE rola sobre uma cama — é a cama superior do beliche na casa dos DROWERS, no QUARTO DA FRENTE — 29, CAMPION ROAD, SW 15, em PUTNEY — devem estar lá as cobertas & colchões costumeiros — ele está dormindo, acordando, mudando casualmente de posição — ele SE LEVANTA, depois de 15 minutos e põe uma camisola feminina branca — ele caminha em direção ao armário, examina qualquer coisa à sua maneira característica — pega o que quiser — ele se senta de modo característico e fica imóvel (como de fato fica) –

OBS: a mais incrível filmagem deve continuar a depender de toda a improvisação de tudo –

TOMADA 1 -> TRILHA SONORA

— CAETANO VELOSO canta ininterruptamente sua canção CLARICE — repete ao terminar, mas com nova letra construída conforme as necessidades temporais da imagem (20 mins.) –

NITROBENZENO & LINÓLEO NEGRO 3

[IDEIA 3 HOMENAGEM A GLAUBER ROCHA

PLATEIA — as três telas projetam a mesma coisa

ESQUERDA CENTRAL DIREITA

Almofadas e plateia

OBS: esta TOMADA deverá ser filmada no MORRO

DA MANGUEIRA, RIO DE JANEIRO, por LYGIA PAPE

TOMADA 1 -> VISUAL

— no MORRO DA MANGUEIRA, RIO, pessoas em suas vidas cotidianas — de noite — por aí — entrando, saindo — subindo, descendo o morro — filmar próximo à subida que leva ao BAR DOS COMPOSITORES — caminhando para o fim durante o dia, muito leve, branco hight key, a mesma casualidade de sempre –

cronograma: 30 mins.

TOMADA 1 -> TRILHA SONORA

— o som deve ser uma gravação em fita realizada no próprio lugar — a gravação NÃO DEVE SER REALIZADA EM DIA DE ENSAIO, de modo que não se ouve ritmo forte de SAMBA — toda conversa, cantoria, sons de rádio e ruídos casuais serão gravados; a gravação deve ser realizada no durante filmagem, não em momento anterior ou posterior — CONVERSAS PODEM E DEVEM SER OUVIDAS, MAS NÃO PODEM CONCENTRAR MAIS DE UNS POUCOS SEGUNDOS — falatório sem presença estará tocando —

NITROBENZENO & LINÓLEO NEGRO 4

[IDEIA 4

PLATEIA: — 3 telas iluminadas de branco

     — um pequeno palco frente a uma tela central

NENHUMA TOMADA

cena — no pequeno palco um casal (homem-mu-
lher) se beija durante 10 mins. uma luz púrpura vin-
da de um holofote é projetada sobre eles — podem
ser voluntários da plateia agendados de antemão, no
princípio

NITROBENZENO & LINÓLEO NEGRO 5

[IDEIA 5

PLATEIA: -- diferentes tipos de tecido são passados
em cadeia a partir de uma extremidade do ambiente — as diferenças entre tecidos devem ser nítidas,
como, por exemplo: veludo, seda, algodão — em tipos diferentes de tamanho, textura, peso etc.

— agora apenas a tela central funciona

— um cheiro a jasmim emana de transmissores de
odores a intervalos irregulares

TOMADA 1 -> VISUAL

— uma moça nua numa banheira cheia d'água se
banha — não se vê sabonete, mas ela esfrega os lon-
gos cabelos com a mão continuamente, rola na água,
durante 10 mins –

TOMADA 1 -> TRILHA SONORA

— a ser gravada no Rio, por LYGIA PAPE, a partir de
discos da VELHA GUARDA — mas sem canto, só ins-
trumental

NITROBENZENO & LINÓLEO NEGRO 6

[IDEIA 6

PLATEIA: -- HOLOFOTES projetam sobre toda a área destinada à plateia uma luz semelhante às LUZES AMARELAS DAS RUAS DE LONDRES

— um comando é transmitido para que as almofadas e colchões sejam deslocados para os lados, até as áreas de não-circulação, deixando assim uma área central nua

NENHUMA TOMADA

cena com pessoas da plateia

ao som de diferentes blues de Nova Orleans, incluindo os mais recentes, as pessoas dançam por meia hora.

aqueles que se recusarem a dançar ficarão sentados pelo espaço, como numa festa dançante comum.

NITROBENZENO & LINÓLEO NEGRO 7

[IDEIA 7

PLATEIA: as 3 telas em funcionamento

TOMADA 1 -> VISUAL

— os órgãos sexuais de um homem, ereto, de perfil, mostrando — uma moça, cujo rosto aparece sem que se mostre a cabeça toda, apenas olhos, nariz, boca, queixo, chupa o pau do homem, durante 10 mins., sempre de perfil

OBS — a tomada, caso seja impossível sustentá-la
por 10 minutos, pode ser montada de modo a repe-
tir-se, numa só tomada exibida continuamente duas
vezes
TOMADA 1 -> TRILHA SONORA
- gravação in loco de ruído de sucção

NITROBENZENO & LINÓLEO NEGRO 8
[IDEIA 8
PLATEIA: nenhuma das TELAS está iluminada
             luz nenhuma de nenhuma parte
             escuridão completa

TOMADA NENHUMA

cena com plateia: durante 10 (dez) mins., toca-se um
disco pop ligeiro qualquer — no ambiente escuro as
pessoas fazem o que quiserem — inclusive dançar,
se possível, pois almofadas e pequenos colchões es-
tarão espalhados pelo espaço

NITROBENZENO & LINÓLEO NEGRO 9
[IDEIA 9
TÍTULO: "UMA NOITE NA ÓPERA", uma homena-
gem aos IRMÃOS MARX
PLATEIA: — 1 TELA em funcionamento pelos pri-

meiros 10 mins.

— 3 TELAS pelos 20 mins. restantes (...)[7]

— as pessoas sentam-se ou deitam-se normalmente sobre as almofadas & colchões –

— algumas estruturas de plástico com ar, objetos sensoriais, ou como quisermos chamá-los, são espalhados pelo espaço para que as pessoas possam experimentá-los — serão inventados especialmente para esta situação e propósito por LIGIA CLARK — serão coisas que as pessoas possam experimentar facilmente sem introdução — serão realizados em série para todas as projeções cinematográficas, como parte da produção

TOMADA 1 -> VISUAL

filmagem de 30 mins. improvisada: primeiro, uma pessoa está se vestindo lentamente com pedaços de roupas, ornamentos, qualquer coisa — depois de cerca de 10 minutos a segunda pessoa aparece e começa a se vestir, ajudada pela outra — (as pessoas estão nuas quando de sua primeira aparição) — subitamente uma terceira segue o mesmo ritual, que se torna cada vez mais rápido — uma quarta, uma

7 Ilegível no original.

quinta, uma sexta, uma sétima, uma oitava, uma nona, uma décima segue cada vez mais rápido, e o ajuntamento crescente e o vestir-se preenchem a cena e desenrolam-se numa espécie de corpo sensual coletivo — movimentos de esfregação, como numa dança — extremamente erótico — (isto é uma alusão a famosa sequência de UMA NOITE NA ÓPERA — porém, se a primeira era uma piada suprema, esta deve ser cada vez mais erótica — impessoal: as pessoas tocam e esfregam-se umas nas outras, mas não se relacionam entre si especificamente como pessoas, mais como objetos personificados) — esta cena transcorre num cômodo com espelhos, tal como um quarto ou vestiário comum –

NITROBENZENO & LINÓLEO NEGRO 9B
[IDEIA 9   cont.
TOMADA 1 -> TRILHA SONORA
— conversa, falatório, em Português, com música de fundo: discos são postos para rodar, trocados, no plano de fundo — a conversação continua no primeiro plano.
Primeira opção: conversa com GUILHERME ARAÚJO — SANDRA — DEDÉ — GILBERTO GIL — CAETANO — os discos tocados podem ser qualquer um, incluindo algum pop brasileiro — incluindo qual-

quer coisa de CAETANO ou GIL — a conversa exibida deve ser completamente improvisada

Segunda opção: conversa no Rio, em Port., gravada por LIGIA PAPE, na casa OITICICA, com diferentes tipos de pessoas — improviso completo, discos ao fundo etc.

NITROBENZENO & LINÓLEO NEGRO 10

[IDEIA 10   "CÍRCULO DO PRAZER" DE LIGIA PAPE

PLATEIA: HOLOFOTES projetam luz púrpura criando uma grande área circular púrpura no chão — pessoas reúnem-se ao centro (à volta dele) em filas, fechando o espaço nu central — no centro deste espaço muitos tipos de copinhos de sorvete encontram-se agrupados — as pessoas provam de cada copinho ou continuamente do mesmo que começaram a ser distribuídos — as pessoas depositam ao lado dos copos após o fim da cerimônia — os sabores nos líquidos dentro dos copinhos variam de um a outro, de amargo a doce, e com diferentes cores.

TOMADA NENHUMA

Tempo: 20 mins.

SOM: toca-se uma fita com música percussiva ritual fita a ser gravada por Ligia Pape no Rio.

NITROBENZENO & LINÓLEO NEGRO 11

[IDEIA 11

PLATEIA: — primeiros 10 minutos: vento soprando de aparatos ou ventiladores.

— resto do tempo: rock pesado e as pessoas dançam.

— 3 TELAS

TOMADA 1 -> VISUAL

— cena: sala ampla na casa de CERES FRANCO em Paris (58, rue Quincampoix, 74ème)

— primeiros 10 mins: CERES FRANCO caminha, sempre improvisando, a partir de diferentes quinas do cômodo, vestida como sempre: de preto.

— tempo restante: pelo menos 40 mins. TEMPO LI-VRE

completo improviso –

LEA BOND e JILL DROWER entram —

LEA esfrega óleo no corpo continuamente; ela está vestindo roupa íntima –

JILL tem um imenso pastor-alemão o qual acarinha e esfrega continuamente

CERES nunca para de se mexer

Devem sempre improvisar nestas ações e na cena geral — nos últimos 10 mins., a tensão dos movimentos aumenta

aparatos fixos de construção local sublinhados em
requerimentos em ___________

— a fazer um plano visual do próprio espaço:

1º requerimento -: almofadas ou colchões, no chão
— as pessoas podem se sentar ou deitar

2º requerimento: 3 TELAS CONSTRUÍDAS   centro,
imediatamente à esquerda da central, imediatamente à direita do centro — PROJETAR

IDEIA 1 — tomadas 1 & 2 — nitrobenzeno & lenços
a serem fornecidos de antemão, são utilizados agora
como matéria de cheirar. 1 tela em funcionamento
— a central

IDEIA 2 — tomada 1 — coca para distribuir, e ser be-
bida em latas. 1 tela em funcionamento — a central

IDEIA 3 — tomada 1 — as 3 telas funcionando simultaneamente

IDEIA 4 — TOMADA NENHUMA — as 3 telas estão
em BRANCO e

3º requerimento — um pequeno palco frente à tela
central, o bastante para comportar duas pessoas mo-
vendo-se pouco –

o casal, homem e mulher, que deve ser
escolhido ou oferecer-se como voluntário antes do

início do espetáculo, se beija durante 10 mins.

LUZES: as 3 telas ILUMINADAS DE BRANCO

4º requerimento –: um HOLOFOTE sobre o casal que se beija ejetando tom leve circular de púrpura

IDEIA 5 — tomada 1 — apenas TELA CENTRAL em funcionamento

— diferentes tipos: tamanhos e textura, e peso de tecidos em retalhos (não menos de 1 jarda de cumprimento) a serem movidos a partir de uma extremidade e distribuídos ou passados de mão em mão

E

5º requerimento –: transmissores odoríferos que emanarão um cheiro a jasmim a intervalos irregulares.

IDEIA 6 — TOMADA NENHUMA –

6º requerimento –: HOLOFOTES projetando de forma homogênea sobre área central na plateia, LUZES AMARELAS DE RUAS LONDRINAS

NITROBENZENO & LINÓLEO NEGRO
GUIA PARA A PLATEIA 2

IDEIA 7 — tomada 1 — as 3 telas em funcionamento

IDEIA 8 — TOMADA NENHUMA — completa escuridão por 10 mins.

disco pop tocando música forte

IDEIA 9 — Tomada 1 — 1 TELA pelos primeiros 10 mins.

3 TELAS (após a segunda pessoa entrar em cena)

pelos 20 mins. restantes

-- plateia toca & brinca com elementos sensoriais de Lygia Clark, sendo passados a partir de uma extremidade.

IDEIA 10 — TOMADA NENHUMA — CÍRCULO DO PRAZER de Ligia Pape

a) Copinhos de sorvete com diferentes líquidos de diferentes sabores

b) Provar líquidos.

c) HOLOFOTES jogando luz púrpura formando grande área circular central iluminada

d) Fita (gravada no Rio) tocando ritmos percussivos

NITROBENZENO & LINÓLEO NEGRO
CRONOGRAMA

IDEIA 1 — TOMADA 1 (tempo livre)

aproximadamente---------------- 20 mins.

TOMADA 2 (tempo livre)

aproximadamente ---------------- 30 mins.

IDEIA 2 — TOMADA 1

-- 20 mins.

IDEIA 3 — TOMADA 1

-- 30 mins.

IDEIA 4 — TOMADA NENHUMA — cena sobre pequeno palco -------------------------- 10 mins.

IDEIA 5 — TOMADA 1
--10 mins.
IDEIA 6 — TOMADA NENHUMA — pessoas na plateia
dançam ----------------30 mins.
IDEIA 7 — TOMADA 1
--10 mins.
IDEIA 8 — TOMADA NENHUMA — escuridão na
plateia -------------------------------------10 mins.
IDEIA 9 — TOMADA 1
--30 mins.
IDEIA 10 — TOMADA NENHUMA — "Círculo do
Prazer" de L. Pape -------------------- 20 mins.

"O CINEMA TEM QUE VIRAR INSTRUMENTO"[8]
AS EXPERIÊNCIAS QUASI-CINEMAS DE HÉLIO OITICICA
E NEVILLE DE ALMEIDA

Quasi em latim significa *como* ou *do mesmo modo que*, mas as experiências de cinema pensadas por Hélio Oiticica e Neville de Almeida inventaram uma forma além do cinema. Se, em seu dispositivo original, o cinema reúne a arquitetura do teatro italiano e um sistema de projeção que fixa o espectador no espaço

8 Frase de Hélio Oiticica em seu Héliotape para Augusto de Campos em 1973.

entre a tela e projetor, a série de obras intituladas *Cosmococas*, criadas pelos dois artistas, redimensiona a ideia do dispositivo cinematográfico ao produzir uma nova sensação do espaço em uma situação não narrativa.

Das conversas entre Hélio e Neville surge um diálogo entre cinema e arte, que gera novas situações para a participação do espectador. O título *Bloco de experiências in Cosmococa — program in progress* resume o conjunto experimental proposto. A ideia de bloco se refere à ausência de continuidade entre uma experiência e outra, o nome *Cosmococa* aponta o uso da cocaína como matéria, forma e ainda como referência ao filme que Neville faria a partir do conceito de paródia e escracho presente no Cinema Marginal. *Program in progress* insiste na ideia de seriação e de incompletude permanente da obra, sempre em desenvolvimento e sempre aberta ao *participador*.

Abreviadas como CC e numeradas, as Cosmococas constituem uma série de experimentos, cujos elementos são, na descrição de Hélio, "o carrossel de *slides*, a trilha sonora, as instruções e o tempo". Hélio e Neville projetaram as *CC1 Trashiscapes, CC2 Onobject, CC3 Maileryn, CC4 Nocagions* dedicada aos irmãos Campos e *CC5 Hendrix-War*. A *CC6 Coke's head soup* foi criada em parceria com Thomas Valentin, a

CC7 foi uma homenagem de Hélio ao pensador da arte Guy Brett[9], a *CC8 Mr.8 or D of Dado* foi dedicada a Silviano Santiago e a *CC9 Cocaoculta Renôgone*[10] a Carlos Vergara.

Além destas experiências, Hélio concebe *Neyrótica*, uma não-narrativa novaiorquina vivida pelo artista em sequências fotográficas com rapazes da cidade, projetadas junto com músicas. *Helena inventa Angela Maria* e *Norma inventa Benguel* seriam outros projetos de reconstrução de personagens, inversões entre as celebridades e suas narrativas fotográficas. Todos estes projetos discutem a ideia de uma imagem que não representa.

POR UM CINEMA SENSORIAL

Em 1973, quando são projetadas as *Cosmococas*, Hélio Oiticica já havia realizado muitos trabalhos que incluíam o participador. Se, no início com o Grupo Frente (1957), suas pinturas investigavam o espaço dentro da tela diante da qual o espectador permanecia

---

9 Guy Brett era amigo de Hélio Oiticica e foi curador da exposição Whitechapel experience na Whitechapel Gallery em Londres em 1969. O autor se encantou pela obra do artista e produziu vários textos sobre sua obra.
10 Referência a Renô de Souza Mattos amigo de Hélio assassinado naquele ano.

imóvel, como artista neoconcreto[11] Hélio inventava novas estruturas que convidavam o corpo a circundar seus *Bilaterais* (1959) e *Relevos espaciais* (1959) pendurados ou a entrar em seus *Penetráveis* (1960). Logo viriam os *Bólides* (1963), que como *transobjetos*[12] se transformavam nas mãos dos visitantes, o *Parangolé* (1964), que vestia o ritmo do corpo, e o *Éden* (1969), onde Hélio construía um mapa sensorial. No *Éden*, um ambiente povoado por *Bólides* e *Penetráveis*[13], o espectador integra a obra, é parte do campus experimental, da taba de sensações.

> Isto me veio com as novas ideias a que cheguei sobre o conceito de "Suprasensorial", e para mim toda arte chega a isto: a necessidade de um significado "Suprasensorial" da

11 O Neoconcretismo foi o movimento da arte brasileira que se deu entre 1959-1961, no Rio de Janeiro. Os neoconcretos radicalizaram a proposta construtiva com a renovação da linguagem geométrica contra o racionalismo mecanicista dos postulados construtivistas ao integrar aspectos expressivos e ôrganicos ao pensamento da obra. O Grupo Neoconcreto era formado pelos pintores, escultores e poetas: Lygia Clark, Franz Weissman, Amilcar de Castro, Hélio Oiticica, Lygia Pape, Aloísio Carvão, Décio Vieira, Willis de Castro, Hércules Barsotti, Osmar Dillon, Roberto Pontual e Ferreira Gullar.
12 Conceito criado por Hélio Oiticica para definir os *Bólides* como estruturas além do objeto.

vida, em transformar os processos de arte em sensações de vida[13]

Suprasensorial é uma proposição aberta ao participador da obra para elaborar as próprias sensações fora de todo condicionamento. O deslocamento do campo de experiência conhecido para o desconhecido provoca uma transformação interna nas sensações do participador, afetando em profundidade sua estrutura comportamental. Mais do que um novo conceito de arte, o Suprasensorial surge como um novo conceito de vida. Em uma carta escrita para Guy Brett, Hélio afirma:

> O *Suprasensorial* tornou-se um ponto claro para mim, sinto que a vida em si mesma é o seguimento de toda experiência estética...[14]

Em *Tropicália* (1967), já propunha uma experiência de deslocamento do uso da imagem em movimento. Entre araras, labirinto e televisão, Hélio constrói "uma espécie de salada multimedia sem muito sentido ou ponto de vista"[15]. O percurso pelo *Penetrável*

13 *bólide área 1 (areia) bólide área 2 (feno), bólide cama, penetrável PN 5, Tenda Caetano-Gil, Penetrável Cannabiana PN6 (palha).*
14 OITICICA, Helio. *Catálogo*. Op.cit. p. 12.
15 IDEM p. 135.

PN3 intitulado *Imagético* nos leva a um aparelho de televisão como um *objet trouvé*. Ao chegarmos ao fim do labirinto, a saída é a imagem como um ruído a mais entre tantos outros que atravessamos: as estamparias, o cortinado e as quinas da arquitetura como uma profusão de imagens que se acumulam em nós antes da saturação televisiva que nos devora.

Do conceito de arte ambiental ao *Suprasensorial,* Hélio desdobra sua obra em uma série de experiências inaugurais que trabalham com a inclusão do espectador em um meio criado pelo artista.

Portanto, a ideia de imersão do participador contida nas *Cosmococas,* de um espaço que pudesse ser ativado, aprofunda a pesquisa do artista. Hélio avalia que no cinema "o poder da imagem como matriz-comportamento q mantinha o espectador numa posição imutável não era só visual: era conceitual"[16]. E, de fato, o que as Cosmococas colocam como imagem é uma imagem-relação[17], isto é, uma imagem que se constitui a partir da relação de um espectador implicado em seu processo de recepção. É a este espectador tornado participador que cabe a articulação entre os elementos propostos e é nesta relação que se

---

16 *Catálogo Hélio Oiticica*, Centro de Arte Hélio Oiticica: Rio de Janeiro, 1997, pag 178.
17 Idem pag 179.

estabelece um modelo possível de situação a ser vivida, uma relação que é exterior aos seus termos. Não é o artista que define o que é a obra, nem mesmo o sujeito implicado, mas é a relação entre estes termos que institui a forma. Portanto, o que as *Cosmococas* propõem é a relação como forma sensível.

CHANCE-RELATIONS[18] seria a natureza desta relação que se estabelece como estrutura randômica. A cada projeção seria possível transformar a ordenação dos *slides*. Hélio considera que o próprio dispositivo poderia ser aleatório, ampliando as aberturas ao participador. As primeiras cinco *Cosmococas* colocam este participador no centro da experiência, a partir de diferentes estratégias: a não linearidade, a variação dos pontos de vista, o agenciamento entre os elementos da obra e a recepção coletiva, que ao mesmo tempo aceita os modos diferentes de cada participante. Não se trata apenas de gerar uma situação, mas de fazer com que cada um viva novas sensações-cinema, como se mesmo dentro de um grupo cada *participador* pudesse escolher seu filme. Neste sentido, o que se descontrói é a ideia de um público uno e silencioso diante de narrativas que lhes são estranhas, e cria-se

18 BOISSIER, Jean-Louis. *L'image relation in La relation comme forme: A interatividade como forma Genève*: Centre pour l' image contemporaine, 2004.

um cosmos de sensações produzidas primeiro pelo e no corpo de cada integrante das experiências que se desenvolvem. Quando Hélio utiliza em suas anotações a palavra *performance*, parece se referir a este tipo de experiência única a ser experimentada a cada sessão.

Nessas sessões imersivas, com *slides* em todas as perspectivas, o que se configura é uma alteração do modo de recepção clássico, que transforma o espectador em um jogador que opera ao máximo a sua capacidade de escolhas e de gestão dos elementos propostos: sentado, deitado ou pendurado na rede, é no seu corpo que o dispositivo cinema se atualiza.

" O ESPAÇO É EM CERTA MEDIDA FILME"[19]

Em seu texto *Cor, tempo e estrutura*[20], Hélio insiste nos limites do plano e defende uma pintura no espaço cujo movimento ocorra no tempo. Seus *Relevos espaciais* e *Núcleos* resolvem naquele momento os principais eixos da pesquisa do artista. Não apenas por propor novas relações, comparadas por Hélio com

19 Anotações de Hélio sobre a Cosmococa 4 Nocagions in Catálogo Hélio Oiticica Quasi-cinemas Wexner Center for the Arts e Hatje Cantz Publisherspag pag 115
20 "Cor, tempo e estrutura" in *Catálogo* Hélio Oiticica, Rio de janeiro: Centro de Arte Hélio Oiticica 1997, pag 34.

a estrutura musical que se sustenta apenas nas relações, mas também por seu sentido arquitetônico, que virtualiza o espaço real.

A proposta das *Cosmococas* incide diretamente sobre a questão desta virtualização do espaço. A arquitetura é feita de imagens, de projeções puras cuja oscilação é aquela calculada pelo movimento que se passa entre as imagens e não nas imagens. O participador é usuário de um dispositivo projetivo que, ao mesmo tempo em que mostra imagens fixas, movimenta a percepção daqueles que se encontram imersos nesta arquitetura.

Em seu início, o cinema foi construído a partir do dispositivo fotográfico e teatral, isto é, a posição do projetor repetia a posição da câmera na sua relação com o fotografado e o que era encenado repetia uma situação teatralizada. É apenas quando a câmera se emancipa do projetor com a montagem e com a filmagem em movimento que o cinema encontra uma linguagem própria e se afasta da ideia de cena.

A radicalidade dos *blocos de experiências Cosmococas* instaura um deslocamento duplo em relação ao dispositivo cinema. Por um lado, multiplica-se a projeção, que se estende como uma construção, e, por outro lado, o uso das imagens fixas retorna ao fotográfico, que antecede e forma a experiência do cinema.

É como se Hélio olhassse para a origem do cinema e para o futuro ao mesmo tempo. As *Cosmococas* são ao mesmo tempo a desconstrução e reconstrução da experiência do cinema. Da mesma maneira que Hélio afirma não abandonar a pintura quando lança suas telas no espaço, ele também não abandona o cinema quando o transforma em relações puras, em música.

O espaço então torna-se imaterial, pura imagem. Não uma imagem perceptiva, mas uma imagem-sistema em que a sucessão produz a duração, em que o tempo se presentifica por meio das relações estabelecidas. Neste sentido, Hélio encontra no cinema a matéria tempo que faltava a suas experimentações com o espaço.

ENTRE-CINEMAS

Longe da má-consciência do Cinema Novo, o Cinema Marginal se liberta dos dilemas da intelectualidade de esquerda e dos compromissos com a estética da fome glauberiana e assume temas como a droga, o corpo, o sexo, na lógica do *Bandido da Luz Vermelha*[21] em que " a gente avacalha e se esculhamba"[22]. Histe-

21 Filme de Rogerio Sganzerla de 1968, considerado o filme deflagrador do Cinema Marginal.
22 Lema que o bandido repete ao longo do filme.

ria, desvio e fragmentação são traços que se repetem na construção de personagens dos filmes de Rogerio Sganzerla, Julio Bressane, Andrea Tonacci e Neville de Almeida, entre muitos outros. Do ponto de vista da narrativa, criam-se sequências desconectadas que apresentam situações que explodem nas telas. Não há nenhuma ideia de representação do vivido, apenas imagens-caos jogadas em um espectador em choque. A agressividade surge no horror e abjeto, mostrado como em cenas de crimes e vômitos. A reação do público não é mais intelectual, como no Cinema Novo, mas visceral.

Glauber Rocha chega a chamar o Cinema Marginal de *Udigrudi*, como uma versão tupiniquim do cinema *Underground* de Nova York. A cólera glauberiana é inevitável diante de um cinema que abandona a missão de *inventar um povo*, como defendia o Cinema Novo, e se contenta em mostrar um Brasil longe das utopias, cru diante do caos urbano.

O cinema *Underground* norte-americano colocava também, no final dos anos 1960, imagens da margem da cultura de massa. Filmes de Andy Warhol, por exemplo, mostravam a droga impregnando os corpos filmados (1968: *Flesh*), longas horas de sono (1963: *Sleep*) ou ainda retratos em movimento (1965: *Screen test*). As imagens eram capturadas 24 quadros por segundo e projetadas a 16 quadros por segundo sobre uma tela.

O fato de usar como suporte para a projeção telas de pintura discutia diretamente a relação entre pintura e cinema, ou seja, colocava o cinema como uma *pintura em movimento*. Este era então o avesso da celebração Pop que Warhol trabalhou tanto em sua obra: nestas imagens, o artista celebrava a margem e o banal do *star system*.

As *Cosmococas* irão colocar também o avesso das estratégias tropicalistas de elogio à mistura e de reciclagem dos elementos populares. As figuras celebradas surgem do pó, longe da imagem glamourosa das estrelas.

Em *Histoire(s) du Cinéma*[23], Jean-Luc Godard repete várias vezes em *off*, no início do filme, "Histoire avec un S" — História com S, Histórias do Cinema. Godard se refere ao mesmo tempo às muitas versões da história do cinema, aos muitos filmes que constitui cada um uma história e, com as imagens e sons, mostra que todas estas versões são montagens.

23 *HISTOIRE(S) DU CINÉMA 1A :TOUTES LES HISTOIRES* (France/1989/51'). Nesta obra, Godard utiliza o vídeo como meio de investigação, descrição e desconstrução de toda a memória visual e sonora do cinema.

pensando na evolução de Godard o que mais
me interessa não são as "inovações cinema"
dele, mas a medida em que essas inovações
devoram a razão de ser do cinema...
em experiências extremas de cinema toda
"inovação" é "devoração" e numa tentativa
de ver mais além, é o "fim do cinema" como
linguagem de importância: cinema passaria a
ser instrumento?[24]

Hélio afirma que depois de Godard ficou eviden-
te os limites do cinema como experiência voco-cen-
trista e narrativa. Trata-se de acelerar e multiplicar as
montagens do cinema ao incorporar e fragmentar a
linguagem como processo não-linear e não-acabado.

COSMOCOCAS[25]

A cocaína é a matéria escolhida pelos artistas para
a composição das *Cosmococas*. Este cosmos, no entanto, não se confunde com os aspectos da miséria e

---

24 Cadernos. Apontamentos 22 de junho de 1973 pag 10 e 11.
25 Hélio Oiticica nunca viu as Cosmococas montadas. Apenas em
1992 as CC1 e CC2 foram expostas em Rotterdam, Paris, Barcelona,
Lisboa, Minneápolis e a CC5 em 1995 em Nova York. Sempre a partir
das instruções e sempre com a presença de Neville de Almeida.

da violência hoje manipulados pelo tráfico de drogas. Na década de 1970, quando foram pensadas estas experiências, o uso do pó branco dava materialidade a irreverência de artistas que não queriam ser confundidos com os sistemas dominantes da arte e do cinema. O branco sobre o branco a que Hélio se referia não é fundo, mas primeiro plano de uma série de experiências que não fazem apologia da droga, da mesma maneira que Baudelaire também não fazia o elogio do haxixe, apenas nos inundava com suas sensações ao nos desviar dos comportamentos instituídos.

CC1 Trashiscapes

Na capa da revista *New York* magazine vemos a foto do cineasta Luis Buñuel com uma navalha sobreposta à linha branca que corta o olho do cineasta, como na imagem do olho cortado em seu filme *Chien Andalou*. A imagem de Buñuel é multiplicada pelas projeções, mas o participador é "convidado" a deitar na esteira e lixar suas unhas. A ideia de corte, tão fundamental ao cinema, é experimentada por um espectador distraído a partir do "corte" das próprias unhas. A música nordestina descontextualiza as imagens, que se tornam puro ruído para desconstrução do visitante.

CC2 Onobject

"Alguma coisa como Yoko", como fixam as instruções. A capa de Heidegger *What is a thing?* aproxima os processos conceituais do pensador e dos artistas. A capa de Yoko e os contornos do pó mostram a dessacralização do conhecimento por diferentes movimentos da arte, ao mesmo tempo em que indica uma questão comum à complexidade filosófica e à sensorialidade da arte: *O que é uma coisa? É a coisa ou a representação da coisa?*

CC3 Mayleryn

Cinco projetores iluminam as fotografias de Marilyn Monroe maquiada com cocaína. O pó recorta o olho, marca a sobrancelha, pinta os lábios, o branco cobre e descobre: "a maquiagem se esconde na própria disposição que assume como se fora parte do desenho"[26]. Hélio sobrepõe objetos a uma foto e fotografa as interferências: canivete, faca, tesoura, dólar, papelote. Em uma sala branca com o chão cheio de areia e coberto de vinil, ficamos imersos na sequência de imagens que revelam a intervenção do gesto do

26 *Catálogo Hélio Oiticica*, Rio de janeiro: Centro de Arte Hélio Oiticica, 1997, pag 177.

artista sobre reproduções de uma fotografia da deusa de Hollywood nas quatro paredes e no teto, em um tempo fragmentado, entrecortado e ritmado pela música latina.

CC4 Nocagions

Uma piscina no meio das capas de John Cage, maquiadas com as fileiras do pó branco sobre o fundo branco do livro *Notations*. A água é mais uma imagem e superfície natural para a projeção dos movimentos dos participadores. Hélio se refere a este projeto como uma possível poesia, música, quasi-cinema, experimento cinético, multimídia, não se reduzindo a ser apenas uma coisa, mas um programa aberto ao exercício da liberdade.

CC5 Hendrix-War

É uma homenagem a Jimi Hendrix. O pó acentua as linhas do rosto do rock. Vemos Hendrix nas quatro paredes e ouvimos sua música enquanto balançamos na rede. Hélio dizia[27] que o samba prende o homem à terra enquanto o rock retira o homem da terra. Talvez por isto a dança das redes suspensas amplifiquem o movimento entre as imagens projetadas.

27 Héliotapes.

Em uma época em que as instalações multiplicam as telas e geram novos acessos às imagens por meio de sensores e programas interativos, o dispositivo inventado por Hélio Oiticica e Neville de Almeida distribui estruturas poéticas *low techs* que maravilham as nossas sensações. É então como instrumento, como meio e multimeio que o cinema é apropriado.

> O q proposto se dá sempre como play...
> chance-play num lance de dados e nunca
> como fixação em modelos a participação
> como invenção[28]

Mais uma vez Hélio atualiza o lance de dados de Mallarmé ao ver no participador um devir jogador.

Se o dispositivo cinema é deslocado pela arte contemporânea em função também do uso das novas tecnologias de *input* e *output* da imagem em tempo real, a investigação conceitual destes processos há muito acontecem, desde o Napoleão projetado em três telas, ainda no cinema mudo de Abel Gance, ou dos filtros do cinema da imagem em movimento parada de Michael Snow. Desta história faz parte indiscutível

28 *Catálogo Hélio Oiticica*. Centro de Arte de Arte Hélio Oiticica, Rio de Janeiro: 1997, p. 181.

o bloco de experiências de Hélio Oiticica e Neville de Almeida que, além de expandirem o cinema, incluem de forma única a sensorialidade do participador.

COSMOCOCAS, 1973
Entrevista com Neville de Almeida[29]

Katia Maciel — Quando e como você encontrou Hélio Oiticica?

Neville — Meu encontro com o Hélio foi quando eu fiz meu primeiro filme, *Jardim de Guerra* (1967), um roteiro meu e de Jorge Mautner. O filme foi proibido pela censura e poucas pessoas o viram, mas o Hélio assistiu em uma cabine da Líder Cinematográfica. Eu tinha morado nos Estados Unidos e coloquei vários pôsteres no filme. O pôster surgiu no meio dos anos 1960, e, na minha visão, é a democratização da arte. A partir do quadro que está aqui na parede, e que só você tem acesso, você faz um pôster no tamanho natural, em uma tiragem de dez mil, cem mil, para o mundo inteiro, e o mundo cola na parede, modesta-

29 Entrevista de Neville D'Almeida a Katia Maciel, concedida em junho de 2005, na casa onde viveu Hélio Oiticica no Jardim Botânico, Rio de Janeiro.Esta entrevista foi publicada no catálogo *Hélio Oiticica | Neville D'Almeida CC — Programa in progress*. Fundación Malba, 2005.

mente, sem moldura, um Rembrandt, um Gauguin, um Van Gogh, um Picasso. Eu uso uma série de pôsteres para situar a época do filme: pôster do Che Guevara, da Twiggy, do Trotski, do Mao Tsé-Tung, do Jimi Hendrix. Quando acabou o filme, o Hélio disse: "Adorei os pôsteres, você usou os pôsteres muito bem, eu nunca vi pôster no cinema. Foi a primeira vez que eu vi um cineasta usando pôsteres como linguagem."

Então eu disse: "É verdade, que bacana Hélio!"

Enfim, o Hélio gostou dos pôsteres e disse: "Vamos lá pra casa." E aí fomos, um grupo de amigos, para esta casa aqui onde estamos agora, de frente para a Lagoa. Sentamos, começamos a conversar, ficamos até quatro horas da manhã, e, naquele dia, o Hélio falou: "Olha, eu não faço mais nada para pendurar em parede. Eu vou ocupar o espaço... eu quero ocupar os espaços..." Aquilo me deixou muito impressionado, e, naquela noite, combinamos de fazer um trabalho juntos. Ficamos amigos e bolamos um filme, o *Mangue Bangue* (1971). Ele me levou ao Mangue[30] e me apresentou à Rose, à Pepa e a outros personagens daquela que foi a zona de meretrício do Rio de Janeiro até o final dos anos 1970. Íamos fazer o filme juntos, mas saiu a bolsa do Hélio, do Guggenheim, e ele foi

30 Área na Zona Central da cidade do Rio de Janeiro.

para Nova York, aí eu acabei fazendo o filme sozinho. Três meses depois, fui para Nova York, levei o filme para ele ver, e ele escreveu um artigo.

Mas, o título, vocês deram juntos?

Ele me apresentou o *Mangue*, e eu criei o *Bangue*. Mais tarde, ele fez aquela obra *Mangue Bangue*.

Isso é importante, porque já era uma parceria, mesmo que não resulte na mesma obra.

No filme era mudo, sem diálogo. Tinha uma única pista de som, sem mixagem, sem nada. Foi realizado em 16 mm, aparentava não ter montagem, e praticamente todas as sequências foram montadas na própria câmera. Realmente um trabalho físico, mental e espiritual.

E tinha quanto tempo?

65 minutos. O Hélio dizia que era o filme preferido dele. A gente queria trabalhar junto e isso tudo nasce da nossa insatisfação com o cinema. O cinema era careta! Existem formas de arte que são livres: a literatura, a pintura, a escultura, a música são artes livres. Você pode fazer o que você quiser. O cinema não é livre. O cinema é arte industrial cativa: isso não pode, isso pode! O cinema é essa coisa de preconceitos, de

censuras, de regras. E a nossa insatisfação com o cinema era enorme. A gente tinha uma mesma ideia, a gente queria um outro cinema! A gente buscava um outro cinema, um outro conceito. O moralismo no cinema nos incomodava profundamente. Incomoda-me — e sempre me incomodou — essa coisa do cinema ser totalmente moralista, totalmente babaca, totalmente careta. Aquela coisa estilo da Metro: o galã era o mais bonito da cidade, era o mais valente, batia em todo mundo, comia a mulher mais bonita e casava com ela. Era o cinema americano. Quem era feio estava fodido. Enfim, então, eu com 15 anos, via aquilo, e o galã casava com a mulher, chegava em casa, pegava, entrava no quarto, dava um beijo, e vinha um *fade out*. Aí cortavam para um *fade in* na manhã do dia seguinte, dava um *close* num copo com suco de laranja, e era o *breakfast* do casal feliz para sempre. Então, tudo que eu e todos que estavam no cinema queriam saber era o que aconteceria lá, depois daquele beijo, e nada aparecia. Então eu, com 15 anos, já me dizia: "O dia em que eu fizer cinema, eu não vou fazer assim! Eu vou mostrar tudo."

O Hélio já frequentava a favela?

O Hélio ia à favela, e isso era considerado um absurdo! A ligação dos artistas era com a alta sociedade.

Os artistas viviam puxando o saco da alta sociedade
para ver se vendiam uma obra. E o Hélio era o contrário disso! O contrário desse negócio de puxar saco.
Ia à favela, andava com os moradores de lá, via arte
naquilo, via poesia em todas aquelas coisas, buscava
inspiração naquilo. Ele era rejeitado por isso também.

Você também frequentava a favela?

Fui introduzido ao Mangue e à Mangueira pelo
Hélio Oiticica. Os amigos que ele me apresentou são
meus amigos até hoje. Frequentava, frequentei e fre
quento.

**Como vocês passam da insatisfação com o cinema
hollywoodiano para uma crítica ao dispositivo cinematográfico que fixa o espectador entre a projeção
e a tela?**

Eu tive a ideia de fazer um filme de *slides*. Em vez
de usar negativos, usar *slides*, ir fazendo. Eu pensei
em uma forma que fosse capaz de reunir o cinema,
a fotografia, a história em quadrinhos, a fotonovela e
o desenho. Quando contei para o Hélio, ele gritou:
"Genial, vamos fazer!" Assim nasceu o cinema de
slides que, em vez de ser *motion pictures*, imagens
em movimento, eram imagens fixas em movimento.
Tudo começa aqui. Do desejo do Hélio de entrar no

cinema, e do meu desejo de fazer arte misturando as linguagens.

A cocaína é uma forma de enfrentamento ao contexto da época, ou seja, das convenções do cinema e da arte?

A importância para nós estava na reinvenção do cinema, e não no uso da cocaína. Ela era um dos elementos, como a régua, a caixa de fósforos, o livro, a capa do disco, a nota de dólar... Enfim, o pigmento branco. O enfrentamento não se faz através de atitudes pessoais. Ele acontece de forma profunda e definitiva como invenção, transgressão de linguagem criativa e transgressão poética.

Mas o conjunto foi chamado de *Cosmococa*...

A chave é a seguinte: a arte é transformação, é transmutação. Isso é mais importante que o gosto pessoal. Nós queríamos reinventar o cinema, reinventar a sala de projeção. O cinema não vai mais ser cinema, o cinema vai poder ser assistido deitado, de costas. Para qualquer lugar que você olhar, você verá, mesmo no teto. Então, a primeira intervenção foi na sala de cinema: ela se apresenta totalmente modificada, interativa e sensorial. A segunda intervenção foi no sistema de projeção: a projeção é múltipla, ela oferece várias opções, ela ocupa duas telas, quatro telas, cinco telas, projeta até reflexo na água. A terceira intervenção foi na mudança de linguagem, usando imagens de *slides* projetadas simultaneamente. A quarta intervenção foi na trilha sonora, criando assim instalações audiovisuais interativas e sensoriais. As ideias nos davam uma alegria, uma satisfação enorme, maior do que qualquer coisa. Nós fizemos alguma coisa que não existia e ficamos muito felizes com isso. O que é muito importante é a força do conceito, essa coisa que nós decidimos de só usar um rolo, acabava o rolo de filme, acabava a experiência.

O Hélio nos *Héliotapes* trata tudo como segredo de Estado.

Ele dizia: "Estou sentado em cima de dinamite. Igual ao *Pierrot le Fou*[31], o cara enrolado num fio de dinamite." Era dinamite pura, porque nunca tínhamos visto nada igual e sabíamos que era muito importante. Daí surgiu o *Programa in progress*, que foi a decisão de fazer foto, instalação, pôster, caixa e livro.

As fotos são pensadas dentro dessa circunstância da espacialização da instalação; cada foto teria uma autonomia enquanto trabalho?

31 Filme de Jean-Luc Godard lançado em 1965.

Sem dúvida, elas já foram pensadas, por isso que é o *Programa in progress*. Você não faz só a instalação, você faz a foto e a instalação totalmente separados. As fotos são independentes entre si. Cada foto tem a sua força. A força da foto é enorme, e a força da instalação dessas fotos também. Nós fizemos as fotos com esse sentido, e não de tirar um pedaço da instalação. Na instalação do Hélio, o *Éden*, tem lá um *Bólide*. O *Bólide* não é um pedaço, um apêndice daquela instalação, o *Bólide* é um *Bólide*.

Nós pensamos no pôster. A ideia do pôster continua até o fim da vida, aquela ideia que me aproximou do Hélio no filme. Nós nunca vimos as fotos como uma coisa presa a uma instalação. As fotos têm uma força enorme e foram a primeira manifestação desse trabalho que tivemos na mão, a primeira coisa que olhamos.

TRANSCINEMAS

Uma série de obras contemporâneas expandem os experimentos dos anos 1970, como os de Hélio Oiticica e Neville de Almeida, ao agregarem à ideia de cinema na arte novas circunstâncias tecnológicas e de montagens no interior do espaço expositivo. Com isso, implicam o espectador em outros modos de relação com as imagens, suas narrativas e não narrativas.

O cinema reinventou a narrativa que era própria ao teatro e ao romance. O cinema experimental deslocou essa relação, intensificando-a (cinema das vanguardas), fragmentando-a e repetindo-a (cinema estrutural), ou desintegrando-a (cinema abstrato).

A história do cinema é a história de suas formas narrativas na relação com as tecnologias de captação, montagem, finalização, distribuição e exibição de imagens. Em seu início, o cinema foi construído a partir do dispositivo técnico da fotografia e do dispositivo discursivo do teatro: a posição do projetor repetia a da câmera em sua relação com o fotografado, e a cena filmada, a interpretação teatralizada. A unidade de ação ocorria nos limites de um enquadramento fixo, a duração do filme era curta e narrava-se a história em um plano-sequência. O filme *L'arroseur arrosé* (1896), dos irmãos Lumière, é um exemplo clássico desse gênero de cinema. O próprio título, o "regador regado", indica um movimento narrativo em *loop*: o homem que rega o jardim é regado por outro homem. Apenas quando a câmera se emancipa do projetor, com a montagem e com a filmagem em movimento, é que o cinema encontra uma linguagem própria e se afasta da ideia de cena.

Embora o modelo cinematográfico em que a projeção do filme se realiza para um espectador sentado entre o projetor e a tela tenha consagrado o cinema, a pesquisa sempre foi sua condição de existência. Como criar uma imagem em movimento? Como projetar? Como isolar o ruído do projetor? Como trabalhar com cor, som, profundidade? O cinema implicou, de maneira definitiva, as questões da tecnologia à forma — os problemas da arte, da literatura, do teatro, da pintura e da fotografia foram aprofundadas e combinadas na linguagem cinematográfica. Nas instalações contemporâneas, muitas vezes, a questão da narrativa é relacional, ou seja, ocorre em função das montagens realizadas pelo próprio espectador a partir do movimento do corpo e suas associações.

Raymond Bellour e Jean-Louis Boissier expandem a taxinomia de imagens proposta por Gilles Deleuze com a ideia de *imagem-relação*: a imagem gerada na intercessão com o corpo, a montagem no corpo que atua no interstício da construção da imagem, a relação como forma. Para Jean Louis Boissier, a imagem-relação significa, além do compartilhar das ações, uma apresentação direta da relação. É uma imagem que se constitui a partir da relação com um corpo implicado em seu processo de recepção. Este espectador participador articula os elementos propostos e é nesta relação que se estabelece um modelo de situação a ser vivida, uma relação que é exterior aos seus termos.

Não é o artista que define o que é a obra, nem mesmo o sujeito implicado, mas é a relação entre estes termos que institui a forma sensível. Depois da imagem-movimento, da imagem-tempo, lembrança, sonho, da imagem cristal do circuito mínimo da filosofia de Gilles Deleuze, a repetição, o *loop*, a volta, o curto-circuito, o círculo: a imagem-relação.

Considero *Transcinemas* a imagem-relação no campo das instalações contemporâneas. É o cinema estendido a uma situação espaço-tempo que reposiciona o corpo em diferentes *estados de presença*. Paul Valéry escreveu "a entrada de uma pessoa modifica instantaneamente e inconscientemente aquela que estava só". A ideia de *Transcinemas* se refere não apenas ao trânsito perceptivo dos espectadores visitantes pelos espaços expositivos, mas às relações que ocorrem entre os participadores que interferem na formação das imagens. Uma imagem, então, nunca é igual a si mesma, nem é mero reflexo do referente: a imagem é interferência, atravessamento.

Transcinema é o filme na pele, na passagem, na discordância do dispositivo como imperativo, na circularidade de imagens que se propagam sem se fixar. No dizer bergsoniano, é a matéria feita de imagens, uma imagem entre outras imagens, atiçadas pela fricção com o corpo. *Transcinema* é a duração no corpo de uma imagem que passa ou que insiste, que a atravessa e é atravessado por ela, que segue, que permanece, que flagra, que assusta, que está na tela e fora dela. É o cinema como uma superfície na qual podemos ir através.

Se o cinema desde o início foi experimental, ao combinar meios e ao criar os formatos de exibição, hoje o sentido original de discussão do seu dispositivo migrou com os artistas para as experiências sensoriais. As instalações somam à projeção e à narrativa uma variedade de formas da *imagem-relação*. As arquiteturas de imagens exibidas hoje em museus e galerias propõem experiências para o envolvimento sensorial de um corpo que define a montagem, ritmos, cores e diálogos em um fluxo combinatório da imagem no espaço. Se o cinema dependia da linguagem da montagem para gerar a sensação de tempo simultâneo e consecutivo, as várias telas no espaço e o acesso ao vivo permitem hoje ao espectador intervir e construir uma experiência particular com as imagens.

A experiência do cinema esteve predominantemente confinada aos contornos da tela e à linearidade temporal. O que estava na tela era o filme e o que se anunciava fora dela, o extrafilme. O que se convencionou chamar de campo e extra-campo cinematográficos. Nas instalações, experimentamos uma *situação-cinema* gerada pela agilidade de uma imagem-sistema que permite um acesso de *input* e *output* em tempo real, ou seja, a imagem não só identifica a nossa presença, como também responde a ela, tornando relativa a ideia do extra-campo. Nesse sentido, vivemos uma estética da interrupção, o que define o comportamento diante da obra não é mais a duração prevista nos limites de uma tela. Em vez disso, trata-se do instantâneo do corte, da ruptura, da montagem e das combinações. Interromper para modificar: suspender, atalhar, fazer parar. O corpo passa a ser a inscrição do tempo e a relação entre as imagens e o corpo sensível, a sua forma.

O que pode um corpo? Perguntava Spinoza. Praticar as diferenças, o insignificante, os desperdícios, as desmontagens, o afeto — respondem os artistas hoje. Não há obstáculos para os delírios, até porque na defesa do desejo e da liberdade mesmo os filósofos passam a pensar cada vez mais a partir da arte. O pensamento no meio das coisas.

No Brasil, as experiências *quasi-cinema* de Hélio Oiticica e Neville de Almeida criticaram o formalismo do cinema clássico e recriaram, com projetores de *slides* e precários aparelhos de som, a relação entre imagens, sons e espectadores. O *participador* é o sujeito da experiência das imagens, não mais aquele que está diante de, como o sujeito renascentista, e sim o que está no meio de. Hoje o *participador* é parte constitutiva da experiência proposta e não mais um simples espectador que assiste ao que passa. Ele se torna um sujeito que escolhe e interfere na composição do filme, em suas dimensões temporais, espaciais e descentradas, relacionando fragmentos de imagens e sons, ao mesmo tempo que multiplica os sentidos narrativos. Como dispositivo, o cinema vive o fim da "moldura", e como narrativa o filme passa a ser uma forma a ser interrompida. Após a invenção do espaço tridimensional na perspectiva renascentista e da ruptura com este espaço pela modernidade, temos a criação do espaço transitivo na contemporaneidade.

Os artistas neoconcretos, entre eles Hélio Oiticica, já haviam defendido a organicidade da obra a partir do gesto do visitante, do fim da moldura como separação entre arte e mundo e a construção de obras que não tivessem um ponto de vista privilegiado, ou seja, que pudessem ser vistas ou experimentadas por ângulos variados. Ao pensar seu cinema como experimento, o artista havia incorporado estas ideias de ruptura com o espaço idealizado da arte, que hoje é propagado nas formas instalativas e performáticas das imagens.

Nos deslimites da arte contemporânea, esse cinema fora da tela, como a pintura fora da moldura ou a escultura fora da base, expressa: 1) a ruptura com a condição de representação na diferenciação entre o tempo filmado e o tempo projetado; 2) a continuidade entre o que é projetado e o que não é; e 3) a presença de um espectador que é parte da experiência.

A ideia de tela como o infinito cinematográfico ou de campo como limite do plano fílmico tem sido redefinida pelo agenciamento entre computadores, projetores e sensores que geram novas formas cinema. Autores como Gene Youngblood (*Expanded cinema*, 1970) e Lev Manovich (*The language of new media*, 2000) pensaram as histórias do cinema e do computador como formas de entrelaçamentos, em que as ideias de registro e estocagem de informação são constantes, isto é, independem de seus suportes analógicos ou digitais. Do tecnológico ao poético, as estruturas cinematográficas e informacionais se combinam, dando lugar a experiências que transformam as narrativas, os espaços de exibição e o acesso do espectador.

O espectador passa a conduzir personagens por caminhos que são possibilidades. A estrutura combinatória multiplica as versões do que, antes, era apenas uma história. Outros cinemas produzem outros espaços, e as telas, em vez de se fixarem numa estrutura preestabelecida, apropriam-se do espaço em torno, criando situações imersivas, a partir de projeções que, associadas ao uso de outros dispositivos, adquirirem forma topológica.

A metáfora da sala de cinema como caverna e do filme como um sonho ou forma do inconsciente foram propagadas ao longo da história do cinema como modo de interpretar o que constitui a variação sensorial entre estar dentro e fora ao mesmo tempo das imagens. Um estado de alerta durante o sonho. Como diz Gertrude Stein — Você deve levar em conta que a plateia que assiste a um filme não é uma plateia que está acordada. É uma plateia que está sonhando. Hoje, nas instalações, o público não deixa de experimentar um certo sonambulismo entre estar sonhando e acordado.

Henri Bergson pensa a nossa máquina de memórias: o tempo, a duração como um processamento intuitivo. A matéria sendo um conjunto de imagens. O filósofo nos coloca no meio delas reagindo umas sobre as outras e nosso corpo uma imagem particular relacionando o dentro (percepções) e o fora (afecções). O corpo reagindo sobre outras imagens em movimento. A ideia da imagem como um entre o que o idealista chamaria de representação e o realista a coisa, esta zona de indeterminação no cinema se expande da imagem projetada para o corpo do espectador.

Matéria e Memória de Henri Bergson está na origem de *Histoire (s) du Cinéma* de Jean-Luc Godard e da filosofia do cinema de Gilles Deleuze: fazer e pensar o cinema no corpo subjetivo, discursivo e histórico na vertigem do tempo. Deleuze, ao pensar imagem-movimento e imagem-tempo, distingue dois regimes de imagens cinematográficas e classifica todos os signos na relação com a duração.

Em *Histoire du Cinéma(s),* Godard diz em *voz-off — que maravilha poder olhar o que não vemos, tirando isso o cinema é uma indústria.* Ao colocar a ideia de montagem no centro das suas histórias do cinema, o autor implica a sua percepção do tempo no tempo do filme, sobrepondo imagens, sons e palavras de filmes que se deslocam no tempo, formando uma versão da unidade e multiplicidade, como pistas diferentes, da matéria cinematográfica.

Como tornar presente um corpo? Como tornar uma imagem uma presença? A imagem sempre foi a ausência na forma de presença. Pintura, fotografia, cinema, vídeo sempre projetam presenças em um tempo diferido. Alguém ou alguma coisa esteve diante do pincel ou da câmera e surge quando olhamos para a imagem. O dispositivo cinematográfico, ao criar uma arquitetura onde o espectador encontra-se no escuro entre o projetor e a tela, diante do movimento, criou um *estado de presença* das imagens que muitas vezes inverteu a lógica de sua representação, tornando a imagem no corpo sensível mais presente que o real. No cinema, as imagens projetadas encenam a presença dos personagens, mas esta presença não nos percebe, nós somos invisíveis ao filme que vemos e condenados a assistir ao que passa. Na experiência do cinema, estamos confinados aos contornos da tela e à linearidade temporal. O que está na tela é o filme, e suas dimensões de *campo* e *extracampo cinematográficos*. Somos incorporados a uma operação maquínica conjugada a nossas percepções. A máquina de cinema reproduz a engenharia da nossa percepção do tempo que só adquire continuidade em nossa consciência e memória. De modo semelhante, os fragmentos do movimento ganham continuidade na repetição do mesmo fotograma como matéria e memória.

Há a possibilidade de a imagem ser vista ao mesmo tempo da sua formação, ou acionada no tempo do espectador, construindo entre a imagem e o corpo uma relação em que um gesto pode ser por ela respondido. A ideia de representação especular do real do cinema no século XX é metamorfoseada na apresentação direta do tempo. A tela como perspectiva cinematográfica se multiplica e passa a abrigar as interferências em um filme aberto. Os novos sistemas integram computadores, sensores e projetores, produzindo situações-cinema em que o espectador altera o filme que passa. A presença passa a atuar como parte do sistema, deslocando as projeções a partir das percepções e ações do público. Cada vez mais, o filme acontece para cada espectador, que combina sequências, edita o som e inventa suas histórias. Como sabemos, a perspectiva segue o olhar. Baseia-se, como afirma E. H. Gombrich, no fato de que o olho não faz curvas. O modelo da perspectiva central é gerado, então, a partir da percepção. Hoje, no lugar dos perspectivadores, temos os processadores da imagem que, com seus simuladores, reconfiguram nossas percepções. Se antes olhávamos através da janela para figurar o mundo, hoje a janela nos percebe.

O corpo sensível visível movente é reversível a si mesmo no conjunto de imagens das quais é parte constitutiva. O interior, a consciência se mistura ao ritmo do desdobramento do filme e seu modo de aparição nas instalações. O ser temporal e espacial, a que se referia Merleau-Ponty na sua fenomenologia, se metamorfoseia no elemento estruturante de uma percepção singular que se percebe como imagem entre imagens.

A variação perceptiva e sensorial nas instalações é frequente na arte contemporânea em geral, e na brasileira em particular. No Brasil, uma série de instalações de artistas se apropria e reconfigura o dispositivo cinematográfico com proposições. Não se trata apenas da produção de filmes experimentais, mas da recriação da relação dos componentes da máquina cinema, ao arquitetar as projeções, construir narrativas ao vivo, disponibilizar ao público formas participativas, por vezes se apropriando dos arquivos de vários extratos da história do cinema. Apesar da diferença das formas, que vão do poema visual à instalação fotográfica, da performance filmada aos vídeos objetos, do *high tech* ao *low tech*, as obras apontam para modos e usos inesperados da ideia de cinema. Nas instalações, o filme é apenas o início porque, após ser finalizado, toda a arquitetura da experiência está por vir. A construção e programação do espaço filme exposto é o que estrutura a obra.

Isto é cinema? Isto é poesia? Isto é arte? Isto é instalação? O que seria o filme depois dos improváveis movimentos das imagens contemporâneas? A instabilidade nas imagens no movimento no corpo.

A este *cinema-relação* criado por situações de luz e movimento em superfícies instáveis no abrigo do corpo chamo de *Transcinema*.

Na arte contemporânea brasileira muitos artistas inventam seus *transcinemas*.

Em *Experimentando cinema* (2004-05), Rosângela Rennó move imagens em telas de gelo seco. Inventa filmes na projeção de fotos de arquivo na fumaça: filme de amor, filme de família, filme de guerra e filme policial. Cada um deles contém a sequência de 31 fotografias encontradas em visitas seguidas à feira de antiguidades da Praça XV, no Rio de Janeiro. Os gêneros do cinema são homenageados na montagem da artista. O movimento é quase instantâneo, a fumaça faz aparecer e desaparecer a imagem no desaparecimento do suporte. Oito segundos é a duração da tela entre o *fade in* ao *fade out*. O intervalo dura 30 segundos. O próprio dispositivo gera a intensidade do suspense no público. Uma homenagem ao cinema, a nos lembrar as experiências de Etienne-Jules Marey na invenção de uma máquina de fumaça apenas para fotografar seus fluidos.

Jarbas Lopes, em seu *Cinema Parado* (2002/2020), refaz um cinema de *slides* a partir de desenhos feitos pelos participantes das experiências móveis propostas pelo artista em diferentes cidades brasileiras. São centenas de imagens projetadas em *happenings* que celebram o processo coletivo compartilhado pelo artista.

Lívia Flores propõe um cinema sem filme. A artista cria uma situação cinema baseada na sentença: *Feliz ano novo*. A poesia está na frase fora do lugar, fora do tempo costumeiro do fim do ano a cada ano. Lívia estende a frase no Morro da Conceição e converte a paisagem em um *drive in*. Um happening em que as fotos do seu registro lembram um filme, ou, um cinema, sem filme.

A geografia da obra se aproxima da proposição de Hélio Oiticica no Morro da Mangueira. Uma inclusão do entorno social no corpo da obra. O que nos acostumamos a ver e viver é ressignificado na montagem da artista. A obra de Lívia Flores figura a cidade como um imenso cenário em que por vezes celebramos o novo ano, sem que ele compareça.

Solon Ribeiro projeta fotogramas retirados de filmes hollywoodianos colecionados pelo avô com trilhas sonoras e legendas. Um *low-tech* do cinema *hi-tech* projetado sobre o corpo do artista em seu *O golpe do corte* (2005). O uso dos arquivos gera filmes que não param de se desdobrar em outros.

André Parente recupera giros do cinema e os faz circular em domos que se assemelham aos dispositivos dos primeiros cinemas na obra *Circuladô* (2007-2010). Os espectadores giram as imagens e por elas são girados. As projeções e um giroscópio para a manipulação do ritmo das imagens implicam os visitantes em um cinema cuja circularidade é objeto e forma.

Laura Lima tece à noite, em longas partituras escritas, o roteiro por fazer durante o dia em seu *Cinema Shadow* (2012). O que se filma é visto em tempo real. Uma experiência de cinema *non-stop* que ocupa por um mês uma casa e um cinema. Performance, *happening*, cinema misturam plateia e artistas.

Pablo Lobato e a flicagem cinematográfica de um relâmpago tornam o fenômeno interminável. *Mil vezes um* (2014) coloca em funcionamento um projetor 16mm de modo ininterrupto. O uso da fotografia nas instalações, tornando instável o próprio meio, é vibrante nesta obra. Entre o claro e o escuro a máquina que projeta alterna os estados da imagem. A percepção oscila no ritmo de um raio em preto e branco.

Gisela Motta e Leandro Lima misturam presença e ausência em *Espera* (2013): uma combinação da projeção de uma sombra em dois bancos, que se confunde com as sombras dos visitantes produzidas por um foco de luz, captadas em tempos diferidos. É o desencontro amoroso. A cada vez que a sombra do homem se retira a sombra da mulher se aproxima. E o espectador vivencia o desencontro como uma sombra a mais.

No meu próprio trabalho, desenvolvo uma série de obras que incluem o visitante como disparador das situações propostas pelas imagens. Entre elas, em

Ondas: um dia de nuvens listradas vindas do mar, a presença do visitante altera o movimento das ondas em um empilhamento imprevisto. Em *Arvorar*, o sopro do participante movimenta uma floresta inteira. São trabalhos que envolvem novas geometrias da natureza em meios urbanos.

São muitos os atravessamentos dos cinemas pelos nossos corpos e dos nossos corpos nos cinematismos. O que surge destas transimagens é o próprio corpo como forma.

Quasi, do latim, significa *do mesmo modo que*. *Trans, além de*. O deslocamento proposto por Hélio Oiticica entre cinemas ocorre hoje como um modo de ocupação dos espaços de arte que, nas últimas décadas, apresentam a dimensão mais experimental da imagem em movimento, que não se limita aos contornos do que é visto, mas atinge a pele de novos sentidos do invisível das sensações.

Cadernos Ultramares

9 786586 962819